Jean-Paul Gavard-Perret

Musée complet du rêve

Jean-Paul Gavard-Perret

Musée complet du rêve

Éditions Muse

Imprint
Any brand names and product names mentioned in this book are subject to trademark, brand or patent protection and are trademarks or registered trademarks of their respective holders. The use of brand names, product names, common names, trade names, product descriptions etc. even without a particular marking in this work is in no way to be construed to mean that such names may be regarded as unrestricted in respect of trademark and brand protection legislation and could thus be used by anyone.

Cover image: www.ingimage.com

Publisher:
Éditions Muse
is a trademark of
Dodo Books Indian Ocean Ltd., member of the OmniScriptum S.R.L Publishing group
str. A.Russo 15, of. 61, Chisinau-2068, Republic of Moldova Europe
Printed at: see last page
ISBN: 978-620-2-29272-6

Jean-Paul Gavard-Perret

MUSEE COMPLET DU REVE

"Jour de plus. Plus d'ombre argenté. Le cratère s'effeuillette. Indicible étrangeté des choses. Solitude des fragments manquants. Inscrire son histoire sans réponse. Triomphe de l'image ? Du récit ? Vie d'amour." (Andelu).

La tentatrice chauve

Livret, l'ivre est, l'ivraie, lit vrai, livre haie l'hydre s'y dresse. Alors écrire par digressions, &crit, &croire, vivre de comment taire. Ecrire c'est dériver. Commencements sans fin - ceci n'est jamais une "oeuvre" tout au plus une pièce apportée. Elle peut manquer de sel mais pas de mauvais goût. Et de bavardage non plus. C'est interminable et inutile. Car les redites disent ce qui ne se pense pas. Une parlerie s'échappe. Un texte ne sert qu'à commencer un autre. Ils s'emboitent, s'engagent les uns dans les autres là où les mots monologuent à l'infini, chacun pour leur compte, sans même s'écouter. Chaque fois il s'agit de repartir, se répèter. Aller sans retour et sans croire pour autant qu'il existe de nuances à exprimer. Sans oublier néanmoins de penser à biffer au sein de cette vacation farcesque et cette vocation à s'étendre, se traîner d'îles en îles, et d'Elles en Ils et un cours insensible qui déborde les rives. Remous plus que relief. Pour la musique et le bruit que ça fait au milieu des synonymes et des variations. Voilà pour la litanie. Elle n'a rien de miroir fertile de la pensée. Cette dernière est à chercher ailleurs. Ici c'est le voile, la parure du silence. Nous aurions même pu nous contenter de moins en une mise au régime par boulimie de vice et vengeance de la nature sur la volonté des âmes fortes. C'est juste la manie d'une inclination naturelle. Elle n'a plus de limite.

Musée complet du rêve

Pompei.jpgC'est ça, remontons vite ! Là-haut sûrement le jour va se lever. Ombres tremblées sur l'eau turquoise. Elle s'envole pendant la nuit, à deux cents mètres d'altitude devient invisible tant elle est transparente. Fantôme que fantôme. Mais les meilleurs restent opaques, se promènent avec un flingue à Pigalle avant de guincher au bal musette à la Bastille ou rue de Lappe. Tous sont royalistes plus que pariétaux même s'ils viennent du fond des âges et croient forcément à l'au-delà. Gauloise bleue au coin de leur bouche sans lèvres, exilés dans leur Burberry blanc ils s'y dressent passif mais ne rechignent pas à lorgner les filles. Toutes. Belles, moches, même les travelos du Bois de Boulogne. Bref nos ersatz tout comme nous ne sont pas chipotants. Ils restent adorateurs zailés du rien, du bruit, du silence et bien sûr de son inannulable moindre. Ils accomplissent des farces débiles de carabins, de potaches. Mais de tels morbides décadents que pourraient-ils pratiquer d'autres - sinon, ne pouvant plus triquer, manger mou et boire tiède l'air du temps, fuyants, et inconsistants dans leur insignifiant signifié où leur vice versa. Mais jouissant pour certains d'un prestige prométhéen en dépit de leur costume si neutre, si blanc. Ghost dog et Dead Men, bref des héros de Jarmusch. Capables re reconnaître la préhistoire du visible et en souillant les profondeurs admisses de caca aussi nerveux qu'abstrait mais se dégageant des humains suffrages et des élans communs. Bref s'effilochant les uns les autres, ethnologue de leur textile en tricotine nylon et coton hydro-fille. C'est

Rimbaud qui continue et Jean Eustache aussi. Leur vie, la poésie et le cinéma ne font qu'un. Tous finissent pareil. Rendant les armes, gardant leur âme. Noir sur blanc. Noir sous blanc. En corrigeant - à la Nestor de Tintin ou Burma - des petits détail. Ici et là. Sachant que la perte du corps est la seule émotion qui leur reste. Plus question en effet de se suicider d'une balle au coeur lorsqu'on est ectoplasme ou décalcomaniaque : et si l'on détache leur costume personne pour en garder la marque.

Hauts, les beaux jours

N'exagère pas, Winnie, avec ton sac. D'autant qu'on sait bien que le bon Sigmund associait le sac au sexe féminin : chasteté et soumission à l'homme, il ne faut plus rêver. Mais c'est à Willie que doit s'offrir une consultation gratuite et à distance - prestation sérieuse même si toute réclamation ne sera pas traitée. Sa réponse au monologue de Winnie ne pouvait être autre. Que peut Willie contre cette déferlante de la parole de sa femme qui ose parler sans contrôle ? Il ne dit rien donc consent mais écrit peut-être, derrière le mamelon. Car celui qui se tait aurait beaucoup à dire. Son mutisme peut être pris pour de la flemme ou du renoncement à s'imposer dans la vie de couple. Qu'entrevu - comme souvent les pères qui se cachent derrière les mères - il est bien là avec sa solitude et ses borborygme. Ah ce n'est plus Kafka et sa correspondance avec Felice Bauer. Cinq cent lettres pour fiancailles et une rupture, deux presque mariages. Et tyrannie de l'écriture : l'exigeant demandait une présence par courrier. Une lettre envoyée tous les jours sauf le week-end. "Je sens que lorsque je n'écris pas, une main inflexible me repousse hors de la vie" dit-il . Félicie aussi ? Dans les deux cas la messe est dite. Beckett sera Kafka Willie dans l'urgence dévorante d'écrire et le même besoin d'un isolement poutr le faire. Les deux comparable à l'autoportrait aux sept doigts de Chagall. En yiddish faire quelque chose avec ses sept doigts c'est mobiliser toutes ses facultés rationnelles et irrationnelles. L'irrationnel. L'inconscient. Pour Beckett comme pour Kafka il ne laisse pas tranquille. Il faut donc remonter à l'enfance. Enfant trop sage ou garnement rebelle à la rigidité maternelle. Bad boys dans les deux cas, faisait la fierté et la déception parentale. "Femmes, je vous aime" tel est le fond de leur question mais un chaînon manquait pour être d'équerre à l'alternative commune pour les hommes ou le choix cornélien pour certains. La mère reste le socle indéboulonnable, la mère toute puissante donc phallique n'a pas laissé le choix pour la suite. Et le père n'a pas moufté. L'enfance à nu, coupable d'en avoir fait autant baver à sa mère et se ligant contre elle faute de n'avoir pu leur dire l'amour filial. Et sans broncher, le faisant payer les autres femmes. Cela passe. Ou çà casse.

La défaillance de la virgule

Mon fiston nègre fin possède un sexe lève tard mais étouffe chrétiennes (et chrétiens au besoin) capable d'offrir certains divertissements dans cette vallée de larmes - du moins si l'on en croit de proverbiales nonnettes qui ignore tout couvent mais dont la charité commence moins par un coup dans l'aile que là où jouer du piston en guise de couvert. Mon gars ne s'en prive pas, il est à l'or d'usage pour réveiller l'argent teint de celles qui ne cesse de lui demander l'addiction. Le brave garçon ne s'en prive pas afin que pour vivre heureuses elles vivent couchées et mort celée par le spiritueux qui leur sert d'eau de vie un rien sirupeux. Et c'est en confiseur qu'il offre l'ambroisie de ses sublimes valseuses. Avant l'heure du thé et celle des complies tout est accompli, plié. Pour elles il est temps de filer à l'angle en charentaises et robe à panier d'où la cascade erre - l'amour étant passé - avec délice et orgue dans les toilettes à la turque de l'église de Latrines Ite.

Je les vois ces Vénus sans que mon fiston n'ait à me les montrer. Lui que je gaulai lorsqu'à dix ans à peine lorsqu' il soulevait des robes-chalets pour que son coucou y pleure deux ou trois larmes. La bienséance m'empêche de spécifier eu égard à mon écriture sainte même si le grillage de ses lignes reste plus ou moins troué. Il est vrai que l'écriture dans son humus communal jamais se claquemure car les choses lui échappent et la rende aussi veuve qu'inconsolable. Certes elle voudrait rendre services sur services en un rendu de ses veaux mis bas. Mais ne s'égrènent qu'arpèges approximatifs en ses sillons mots dits. Elle n'est que chauve oisillon, roussette ou encore squelette de terrestres esprits plantés sur l'horizon. Elle reste pourtant, à une virgule près, la mie irremplaçable pour instiller un effet barbaque à ce qui manque de chair. Et qu'importe si de nos jours la prose et les vers de contact sont de moins en moins lus et meurent inédits. Là - mais sans garantie aucune - l'origine de leur vérité.

Indices pensables

Les souvenirs se disséminent au hasard de l'identité. Il leur faut le souffle d'un corps, le regard des femmes. Sans lui nul ne se connaît. D'autant que l'entrecroisement des corps ne suffit jamais à en démontrer la vanité. La volupté déséquilibre toute histoire et en détruit l'innocence, propose le désaveu des illusions, appelle à renoncer aux mensonges mystiques. Bref l'acceptation des corps comme les souvenirs réactive une pharmacopée. Elle est aussi l'éducation de la liaison fondatrice, vécue dans la plénitude, puis dans la douleur, enfin dans la séparation. Elle se double donc d'une formation psychique. Chacune et chacun apprennent à retrouver, dans la passion adulte, les traces de ses amours sororales, fraternelles, maternelles ou de ses amitiés adolescentes. Toute illusion perdue se reconstruit dans une telle relation et qu'importe s'il existe là une névrose commune au milieu des rites minuscules et dérisoires auxquels les amants sacrifient sans barguigner . S'accumulent des scènes circonstanciées, des analepses anecdotiques, des réminiscences dont la couleur verte d'un chemisier. Et soudain tout se brouille : la couleur d'un tel vêtement et le bleu d'une jupe jouent encore dans une dimension aphoristique qui s'accentue alors que celle du romanesque s'étiole. A ce point l'évocation de la femme exclut peu à peu toute description charnelle, tout lyrisme sensuel. Elle appelle juste des considérations abstraites. Tout dialogue serait désormais un écho superflu aux syllabes amoureuses qui s'emboîtent à des scènes mémorielles. Mais le temps d'avant n'est plus qu'une petite laisse, un étang où refaire surface, parfois en ruisselant avant de s'enfoncer à nouveau pour disparaître. Mais dans ces instants le temps nie le temps, et le récit, le récit. Le tout dans une logique gigogne où se substitue à l'image d'une amante sa suivante. De l'une à l'autre, plus le temps avance, plus la mémoire recule vers l'enfance. Elle ne défaille pas, elle se reprend. Elle se dégage de couches de sucre, de sel, de guimauve, de vinaigre afin d'être viole de gambe, violon ou noir ange. Elle ressemble aussi à la vache qui plane et rit sur les portions de fromage cuit et sous l'effet du LSD (produit la transformation chimique de la zizanie et l'ergot de seigle) plus qu'à celle qui pleure parce que ses cornes sectionnées la font meugler de stupeur. Elle n'a pourtant pas la mémoire rancunière : elle vit où nous ne sommes plus et nous ramène au plantin lancéolé que nous modifiions jadis à coup d'huile de noix, d'une gelée de mûres voire de feuilles d'ortie dès que dans l'eau froide rendait leurs armes de pointe poilue inopérantes (le tout avant que pesticides et engrais trahissent la nature et massacrent vers de terre et abeilles.)

Histoire sans fin

Léo, le Plombier chauffagiste de notre cité, décida d'entreprendre le nettoyage du salon de coiffure de Mado dite la modiste. En échange elle lui accordait quelques divertissements gratuits. Et ce pour le temps qui restait au gringalet et que Dieu lui comptait. Pour autant nul n'aurait pu réduire la shampouineuse en péripatéticienne - du moins les jours où elle avait boutique ouverte. Certes il n'est pas que les cheveux qu'elle savait bien tailler mais à ce titre beaucoup - et quel que soit leur sexe - pourraient jouir d'une réputation préjudiciable. Chose faite less deux amants s'offraient un petit repas : fines claires et asperges ou fois gras au raisin muscat accompagné d'un blanc sec et d'un haut-Armagnac. Ce qui souvent les voyait finir en zinzinulant des chansons trop lentes pour qu'elles soient sortie du répertoire du Gene Vincent des années cinquante. L'artisan ensuite reprenait son Aronde Simca qu'il avait d'abord acheté pour vaquer en justes noces du coté de Melle en Charente-Poitou. Et ce, avant de se raviser en prétendant que ne jouissant que d'un emploi précaire il ne pouvait prendre en chambre sa future femme ainsi que son beau-frère. Ce qui n'empêcha pas l'ex-future mariée de se mettre en grand appareil nuptial chaque année le jour de la date fixée. Mado quant à elle ne rêvait pas de convoler en robe blanche. Le sport sexuel la satisfaisait pleinement. Chaque fois elle remerciait Léo chaudement pour sa baguette comme seule savent le faire les brunettes dont la robe de chair n'est jamais terne. Ceux qui pensent que j'affabule n'ont qu'à vérifier et pas seulement in vitro. Sinon en cassant le verre à coup de marteau. Mais ce n'est là qu'une parenthèse. Néanmoins sur les déambulations des amoureux nous n'avons pas d'informations complémentaires. Et personne ne peut consacrer sa vie à une telle affaire. Certes pour conclure et en cas de besoin nous pourrions préfabriquer de nouveaux branchements. Mais évitons de tels impairs. Contentons-nous de préciser que dans notre ville vive Mado et Léo même pas fichés par la police n'étant en rien vandales. Du présent laissons la table rase. Les deux font dans la vie ce qu'elle fait d'eux . Nous ne sommes pas ici afin de la lire à leur olace. Le script s'arrête ici. Dans un matin serein et bleu.

Soliloque

Parfois il s'approche d'elle, erre dans la broussaille vers le seul sentier et sa proximité silencieuse. Au fond est dessinée la figure de la mère. Est-ce elle qui permet de réinventer un nouveau amour, de prendre ensemble, s'emboîter, embrasser ? Parfois il se met en boule. Plongé là comme dans son rêve, remontant vers le lieu secret, le lieu obscur, reprenant corps. C'est l'amont paradisiaque qui attire la remonte dans l'origine. La solitude s'y fait à deux, en se séjour d'exil et de royaume. Il se soumet à l'attente, il se livre à la femme pour la mettre en délice et dépendance d'un autre accouchement. Yeux clos, près parfois de la suffocation pour la respiration et le cri qui en naît dans l'abandon. A la femme investie, la Vénus à la fourrure il offre l'orgasme donnant la vie en son mourir. L'auditorium est absolu et quand pointe la défaillance, c'est moins l'équilibre qui se perd que se gagne le vertige de l'engloutissement et de l'attrait. C'est le geste de s'ouvrir à l'autre en l'ouvrant. C'est le geste de l'abandon. Dès lors, pourquoi prendre le risque d'un coït trop prévisible ? Mieux vaut consentir à cet office pour chatelaine en domaine des dieux. Il retrouve l'inconnu du lieu jamais atteint que la femme incite à épouser - au besoin en le couvrant de délicieuses injures Mais peu à peu se suspend tout le langage : l'identité s'éprouve dans le toucher d'un espace premier, hors de tout dessein. Le plaisir se crée à corps perdu dans le souffle, le rythme. Le voici otage par consentement pour l'extatique qui saille Voici le jadis comme renaissant, le sans fin que les mots disent mais ne peuvent toucher. La femme s'élance entre le dehors et le dedans, entre la langue et le savoir de son attachement de connivence qui l'unit à l'amants dans une société solitaire Le soliloque en son toucher de l'intime invente le langage qui n'a pas encore trouvé passage pour l'impensé, l'éprouvé avant que le silence se fasse en ce mourir provisoire en un sens qui toujours échappe pour se diriger vers la seule vérité. Le voici absolu vagabond. Il ne peut rien en dire sinon des mots non-écrits ou égarés et quittés aussitôt.

Aube tension

En-deçà des mots les corps s'attirent de désir. Ce que l'on peut en dire n'est rien à côté de ce qui se tait, se caresse. C'est une attente irrévocable, réciproque : on commence sans jamais finir après avoir tant patienté pour toucher ce qu'on attend depuis toujours. Là il faut entrer et s'en saisir. Au fond du paysage, l'ombre éteinte des morts enfouis nous rappellent à la vie. L'issue à ce qui se dérobe est là derrière les claires-voies, dans la chambre clairière des sens. Ce que nous recherchons depuis toujours est là. Nous serons dignes de notre enfance et de ce qui ne se paie pas de mots. Présence si attendue que parfois nous croyons l'avoir déjà vécu dans une de nos défaillances qui ne guérit de rien mais espère toujours. Et le plus nécessaire que la vie même. Peu à peu les mots éperdus ne séparent plus, ils reviennent et sont là. Ils se ramassent, s'offrent, se partagent. L'obscure tension s'est résolue. Une charge électrique s'accélère, l'intensité offre ses grâces dans l'odeur de l'excès de deux dermes. Volume et la résonance traversent le silence des caresses, épuisent l'eau de l'émotion. Si quelque chose éclate c'est le plaisir. Cette part inflammable qui relance le corps et ses mots soumise au poids sourd de la voix. La langue est un puissant stupéfiant. Au petit matin : "écris-moi". "Oui…En Yiddish ?" "Non en l'arrière-plan du jour passant".

Shéhérazade et le cyclope

Elle règle le conte des hommes. En fait le compte aussi. Père, frères, maris, amants. Chaque fois elle a tenté d'y croire mais la déception du départ était sans doute trop grande. Etre la préférée d'entre les femmes lui est difficile. Et reste encore dans l'attente de ce choix, cette élection même si souvent peu actrice de son désir. L'ayant peu été, elle garde l'envie d'être protégée, d'être rassurée. Elle se raconte encore des histoires ou se laisse susurrer des sornettes, écrit souvent des scénarii et en possède des tiroirs entiers dans sa tête. A force de séances chez la psy découvrit ses contours suprématistes et cubistes de sa tristesse infinie et slave qui vient des tréfonds. Faire un black-out de la nuit pour que la vie soit supportable. De tant à autre, des rêves émergent. Des cauchemars aussi. Beaucoup de monde dans des espaces réduits. Ruelle à la Kafka. Frayeur de ces lieux habités où jadis elle faisait de plus ou moins bonne grâce tout pour paraître aimable. Bonne petite militante pour exhumer le passé. Mais la compréhension ne résout rien. Elle l'aide seulement à aller un peu mieux. Pas possible de ressusciter les disparus. Ceux jamais connus, fantômes qui habitent son quotidien, ceux qui n'ont pas eu le choix. Ceux qui grandissent au fur et à mesure que le temps passe. Tout ce qui marcha pour les uns resta lettre morte pour les autres. Le lot et le temps ne furent pas pour tous. Face à elle, celui qu'elle essaie de maintenir hors de l'eau par le colback, Celui qui la choque par la crudité de ses propos et sa version peu romantique du sexe à l'école de l'absurde. Cheveux relâchés, plus de catogan serré. Samson qui puisse sa force dans cette chevelure ébouriffée. Tout comme ce fils de Jacob de la Bible hébraïque. Sa naissance fut un miracle, un poids et un mystère familial. Soigna sa solitude du coureur de fond et des fonds d'entrailles d'où il émerge chaque matin par la force de l'habitude quand l'équilibre tient. Selon elle, il lui donne tant de plaisir que cela devrait être interdit ajout-elle elle. Mais lui si peu enclin à dégager du temps. Dès lors elle s'arme d'une certitude : ne plus vouloir de relation sexuelle avec lui. C'est la seule façon de se préserver car elle est désormais incapable de revivre la présence des démons autour du lit. Prête encore à donner une chance à l'affect mais du côté de la curiosité et entente intellectuelles. Elle dit non au Pinocchio qui trouve des subterfuges pour se faire porter pâle. Elle sait qu'il ne sera capable de sortir de sa bulle, de saon empilements de textes pour dépasser le syndrome de l'imposteur en repoussant les frontières contre la fatalité. Elle sait qu'à l'impossible nul n'est tenu et voit dans son oeil vide son propre regard. Lui c'est celui qui voit qui la contemple _ pas l'autre où se sont perdues les images. Reste un dialogue borgne. Hercule face au cyclope qu'une seule larme suffit pour brouiller la vue. Elle voit cependant à son poignet un bracelet en cuir à la Lucio Fontana. Un lien réapparaît recollé. Pour la chronique d'un déconfinement qui serait annoncé sous le mille-feuilles des peurs trop arrosées.

V. W.

Pour Virginia Woolf les mots sont comme des extensions de cheveux : pour magnifier la chevelure. Et ce à l'identique pour "La Recherche". On regarde les manuscrits de Proust, on imagine Céleste collant ces petits morceaux de papier à la demande de Marcel. Sept volumes écrits dans une chambre à soi : un temps/un lieu indispensables pour créer. Peu de femmes se l'autorisent malgré des appartements plus grands de province. Prioriser le quotidien, la famille reste le crédo féminin. Mais Virginia savait depuis toujours que le plus important était d'écrire. Et plus qu'une trace. Pour trouver, organiser sa pensée. Faire bouger quelques lignes pour le pas au-delà. Mais pas celui qui a fini par arriver. Organiser aussi son espace pour pouvoir mettre à mal les idées reçues. Virginia - époustouflée par ce qui sort d'elle, de ses entrailles, à savoir un temps déverrouillé - l'a compris et magnifiquement écrit. Alors - diront certains - pas nécessaire de se remplir les poches pour disparaître sous les flots... Mais finalement se noyer pour mieux écrire. L'eau (de là) n'est-elle pas une forme d'exutoire ? Il n'est pas nécessaire d'avoir un lieu. On peut trouver une rivière. Qui la connait ? Qui le fait ? Woolf n'a pourtant pas prémédité la sortie de sa vie faite de rêves, de dialogues avec ses disparus. Pas de frontières entre son écriture et ses morts en mêlant littérature et politique. Son mari l'avait d'abord vu de dos puis osa une déclaration d'amour/amitié pour celle qu'il n'a jamais quitté - mais moins au sens propre qu'au figuré. L'homme qui marche et la femme debout puis celle qui chavire - reprise par la tentation du vide, du déséquilibre. Il y a toujours eu de telles femmes puissantes. Milena (voix tchèque de Kafka), Bella, (muse de Chagall), Unica Zürn (celle de Bellmer), Laure (de Bataille), Virginia. Fin tragique pour beaucoup d'entre elles marquées à jamais par des hommes tourmentés, qui eux, souvent n'ont pas eu le courage de tourner le dos à ce qui était. A l'exception d'un seul.

Ne lâche pas la mienne

Tomber amoureux d'une femme, c'est d'abord de sa main. Qu'importe si elle est courte, malmenée par les rhumatismes ou sublime aux ongles ras. Qu'importe si une histoire d'amour est toujours une piètre histoire de fantômes. Ceux-là posssèdent eux-mêmes des mains étranges qui leur servent peut-être moins qu'à d'autres pour mesurer la saisie du monde, acheter des gâteaux ou caresser un petit chiot. Il n'est pas jusqu'aux passions et aux obsessions secrètes d'être sourdement déterminées par la main. Car est aimable, aimant, aimanté tout ce qui tient au toucher. D'autant qu'avec un peu de temps, de l'index ou du majeur se touchera bien plus qu'un souvenir enfoui et occulté. S'explore et se livre quelque chose à sentir dans l'ombre ce qui ne pourrait se voir et reste indéchiffrable par d'autres sens. La main en caressant, déchiffre les "objets" qu'elle frôle pour des épiphanies surprenante. Elle invente la mémoire des traces érotiques les plus intimes qui parfois ramènent à soi le nom des femmes aimées. Elles ressurgissent, réactives à l'enchantement qui parfois auraient pu devenir plus puissant. Se retrouvent par la main les traits du visage. C'est une curiosité rampante et rare comme une douce marée qui monte sur la grève, avec une inexorable lenteur. Au fur et à mesure de la révélation le désir monte ou revient sans une once de théologie ou mysticisme. Mais il convertit par une exaltation voluptueuse et mélancolique sous la forme ou l'impression d'une essence intemporelle. Souffle coupé, si l'aphasie prend place, l'angoisse se dissipe lorsque se dilate une expérience substantielle qui exclut toute négativité. Une perte refoulée peut alors se masser. Au terme de ce mouvement d'approche, de cet indice d'appropriation le sentiment amoureux refait surface. Car la fascination érotique pour les corps féminins habille le désir de ressusciter le passé. Il se met à empiéter. Mais à ce moment là ce n'est jamais une mère, un souvenir qui reviennent. S'il en était ainsi, une prière, une évocation, une quête, une recherche bien menée, une analyse consciencieuse pourraient nourrir l'illusion de "remettre la main" sur celle qui s'offre et s'abandonne. Mais ne nous méprenons pas : un sujet inconnu du désir tend sa main. Comme si cela n'avait encore jamais eu lieu. Une amnésie précède la mémoire à naître. La collection amoureuse n'est donc pas l'accumulation de conquêtes mais le désir qu'une main nous saisisse dans la passion des premiers frissons. Ils sont à répéter sempiternellement pour que l'être se désenfouissent au plus profond de lui-même des premières empreintes. D'autant que n'est pas Don Juan qui veut. Mais qui renoncerait à une dérive érotique, pour aller d'une main à l'autre afin qu'elles se captivent ? Dès lors les femmes aimées dans le temps circulent encore quand une nouvelle main répond à l'appel d'une autre tout aussi inédite. Mais c'est ainsi que l'amour qui devance l'amour n'est pas un souvenir. C'est un toucher énigmatique. Toujours à reprendre au moment où le rebours érotique excède les premières amours enfantines et conduit vers une scène bien plus primitive archaïque et nocturne. L'amour se tient dans la main au fond de l'amour. Il n'y a donc jamais de main morte pas plus que de mortes. Entre fantasme et réalité la main demeure un motif séminal et une rêverie. Elle recouvre le désir d'un retour amont vers l'impossible moment d'un vertige archaïque. Il y a là une tentation non seulement d'aller à dévers de l'histoire, mais d'aller en deçà de l'historique : dans le préhistorique et jusqu'aux profondeurs géologiques et aux parois caverneuses. L'intimité s'y outrepasse et au besoin inventorie ses propres mythes et fantasmes. La main incarne et figure un traité de l'amour comme rémanence plus quantique que les cantiques.

L'innomé

Plombier des joints de compassion, sergent des serre-gens, il ne cesse de donner quelques échantillons de ses travaux en cours. De moches clés semblables à certaines duchesses anglaises perforent les poches de sa gabardine de gars badin. Sans qu'il le sache il existe en lui du Badiou ratant la Grande Marche en ses mao tsé tongs là où des sanguines errent. Cela chez lui ne suscite pas la moindre colère preuve que l'arrogance cynique fait l'homme pour certains métaphysichiens ratés et impulseurs de pensées à coup de tours de vices. Notre héros n'est donc pas plus de descendants de FFI que des tondeurs de gamines qui offrirent aux rieurs de quoi cracher leur peur. Il n'a rien d'un mille y tend, ne porte ni canadienne, béret ou la moindre tenue de Résistant. Il fait ce qu'il peut avec pour toute arme un petit couteau pliant, au bout prudemment arrondi, reçu par un grand-père le jour de ces quatre ans. Parfois buveur sans parcimonie avec le trivial ou le sublime, il laisse affleurer le grotesque sans trop de mauvais goût et sait reconnaitre les pauvres en esprit et les coincés du bulbe sans jamais prétendre assurer que le royaume des cieux leur appartient. Il n'y a là selon lui à peine de la place pour deux. Si bien qu'avec St François d'Assises et le Salésien tout est complet. Bref la messe est dite Ce qui ne l'empêche pas le dimanche à l'église de s'avancer en une marche aussi ridicule que grandiose dans une virginité scénique. Le voici toujours ravivé, ravinant et non sans ignorer que nous ne sommes équipés d'un logiciel qu'aucun ordinateur ne voudrait accepter. Le nôtre est sans la moindre précision, suppose des suites de départs ratés, des halètements de pensées des suites de cassis ou de dos d'âne bâté, d'irruptions de refrains idiots ou de ruminations surjouées. Sans compter des articulations surprenantes aux liaisons dangereuses. Mais lorsque tout ça saute, la seule conclusion qui lui vient à l'esprit demeure : "c'est le métier qui rentre". Il en n'est moins brave pour autant. Comme on dit d'un actyrice à la mode "c'est une belle personne". Personne est le mot. Vu les cires constances où l'entre-deux l'emporte. D'allure stylistique enjoué, fond en lui un mouvement chaloupé de chutes de phrases brisées quoique en phrasés - sinon emphatiques - du moins enrobés. Il reste fondu enchaîné aux imprévisibles articulations et écarts de conduite qui le cas échéant peuvent ouvrir au surgissement de la bête. Car comme vous le savez il faut que le corps exulte. Ses poussées déboulent à chaque fois comme à bâtons rompus. Elles le transforment en lubrique voyou et obscène coincoin. D'autant qu'avec les femmes il ne fait pas de tri, ne joue jamais le raffiné et opte facilement pour une plus âgée que lui qui s'est égosillée pour lui plaire. Précisons que - la chose faite, entendez la plus que le nécessaire - il la salue toujours d'un intime "ite". Pour un temps il oublie son futur fretin. Mais très vite et pour son bien il y revient, aimant dans ce cas le prochain plus qu'il ne s'aime lui-même. A savoir sans des pincettes sur le nez. D'aucuns diront qu'il y a trop de testicule dans un tel portrait. Mais c'est qu'il en existe autant voire plus dans nos pensées les plus sublimes. Saints et saintes elles-mêmes n'en sont pas dénuées. D'où toute leur activité de collage de rustines sur la chambre à air de leur destinée. Pour sa part il se contente de peu mais reste vissé au brancard d'avenantes cuicuisses même de viande molle mais qui durcissent sous l'effet de certaines vocations et propensions dès que, cœur battant, l'envie ou la passion sont bonnes conseillères. Il s'en fait l'apôtre ou le quasi saint, mais selon une post-modernité en version laïque. D'autant que de l'ascèse il ignore même le nom, pieds rivés à tout sauf aux cale-pieds de la contrition. Et ce pour écrabouiller les corps de la tentation et les projections qu'il promet d'accorder à leur destinée un temps galvanisée.

Auvent emporte le temps

Mon cul entend tout et se tord de rire. Il me fait sans tronc et me presse le citron. Placé dans mon trou je suis même, étron géant, sans tronche même si mes pantalons gardent ma masculine engeance (bout du bouc). Mais tout mon haut tombe en bas en faisant du boucan dès que j'ai - comme on dit - les moineaux. Et ce, parce que je picole de trop. Ma honte est mon vêtir. Elle habite ce qui me reste de corps, Comme Gène dit le long, et Jo dit la Sardine, ma chanson sort d'entre d'une grande raie entre deux joufflantes que je relève. Etre ainsi foireux et funambule. Voici mon souffle vivant. dont le corpuscule singulier je ne suis pas las de l'entendre même si je reste aussi muet qu'une tombe n'ayant pas plus le force de parler que de vous entendre tant le présent me tourmente et l'avenir m'épouvante. Ne nous y trompons pas : le passé nous attend au tournant. Qu'importe les saisons. Les souvenirs embarrassent et il n'est pas jusqu'au futur à les pourchasser. Certains pendouillent et manquent d'explications. Mais nous nous sommes rendu compte de rien aperçu ou de si peu. Ils verminent. Et dire que certains affirment que nous devrions y revenir plus souvent. Ils ont bien tort de les tartiner comme de la confiture. A croire que ça les grise et ils y restent couchés. En cela ils ne diffèrent pas des toutous même si du passé ceux-ci repoussent le sale murmure. Leurs chagrins d'amour ne leur rendent pas le coeur lourd. Mais ceux qui hurlent à la mort ne sont pas toujours ceux qui nous ont mordus. Il y aura parfois des vétérans médiocres parmi ceux qu'ils deviendront. Plus que jamais ils s'agrippent à nos matricules pour cause de nos près de soixante-dix ans de notoires inconduites. Mais du temps suivons la bande. S'il passe les bornes ne prouve rien. Il défile, file; le futur est très vite le passé, et le présent s'efface. C'est comme si la fin m'empêcha toujours de trouver le début. D'ailleurs allant, je viens nulle part. Revenu de rien, je sors de tout. Comme le merle moqueur ou le vaillant soudeur. Reste encore du sanguinolant à mon squelette. Bientôt je frapperai à la porte du cimetière, je m'y raidirai tout seul. Plus besoin de demoiselles. La terre fera l'affaire en son coulis marron.

Du Faubourg

Baissés, abandonnés, abasourdis, sonnés, abâtardis, abattus, abcédés, oberrés, abêtis, abhorrés, abîmés, adjurés, blablatés, ablutionnés, abolis. Bref être enfin ce qu'il fallut pour rester dans ce faubourg où était déjà advenu ce que nous devenions avant de naître. Il s'agissait de rien retenir, d'accomplir ce qui nous agissait. Nul espoir d'aspirer à devenir nous-mêmes puisque nous n'avons jamais été même dans ce qui nous arrive. Le "si tu le fais, fais-le bien" devise des familles du quartier n'était que fable obscène taguée sur le mur crépi à la tyrolienne de la maison la moins laide ou incisée sur les verres où baignaient soir venus les dentiers de nos grands-pères. Nous ne craignions même plus d'être comme ils furent. Le tout sans chialer puisque nous n'arriverions jamais à nous souvenir de ce que nous ignorions. Mais nous n'avions plus peur de rien. O tempora, O mores, nous allions partout nulle part. Nous ne nous ne sommes jamais souvenus de ce que nous aurions pu devenir eu égard aux hommes démultipliés en fléaux du monde et bourreaux tant qu'ils ne se seront pas souvenus qu'ils sont leur propre maladie et leur véritable vérole jusque dans leur plus petite ombre. Voici comment nous égouttons notre prétendu devenir en ce que nous estimons être le présent. Nous le trouons de mots pour sortir victorieux du tombeau des nôtres pour envisager la victoire de la parole sur un crime qui a toujours eu lieu. Telle est l'histoire du faubourg où nous avançons sans pouvoir marcher sinon à l'aveugle. Nous voici regardant, les yeux fermés, l'espace de dehors et du dedans . Ce qui effraie n'est pas le chaos de l'un, ni le labyrinthe de l'autre mais leur absolu rangement.

Le clown

Nous chiquer en sueurs, remugles et odeurs communes dans ce qui est litière plus que lit. Cela peut au besoin sentir l'urine en mon slip sale et tes dessous souillés. Nous préférons le pas lavé et l'égout à la morale sainte. L'éternuement de ton orgasme fait notre éternité. Tout mon foutre est en toi puis reglisse dans le velu de ta touffe. La voir c'est me raidir à nouveau et devenir poisson dans ta viscosité promise. Moite effervescence où s'engloutir pour re-jouir de nous. Engage mon machin qu'il t'engorge, caressant et brutal, vicieux et saccageur quand tes cuisses s'écartent pour son fourrage et son outrage. Te repeindre en blanc le vagin par mes écarts de conduite. Je vais, je mastique tenant tes hanches et toi lâchant tes gros mots mal coiffés et me traitant de salauds dans l'écume de tes dents. Te farcir avant que flageole mon engin, et que ton trou bée même s'il restera encore ses lèvres à saucer, à sucer à m'en remplir le groin. Mon lit est devenu une bauge à laie. J'ai besoin, de tes lèvres du bas que j'avale pour te presque finir d'un appétit féroce. Être ton malappris, ton bienfaisant, ton malfaisant. Je t'enfile enfin une dernière fois pour que tu peignes mon sexe de rouge quand on te prétend indisposé. Mais toi toujours ouverte tu t'offres pour que mon clown ressorte avec son nez rouge.

Louve noire

Je l'appelle parfois ma petite louve Noire. Mais c'est moi qui dévore sa peau et ça la fait fondre de frisson partout sous ses dentelles. Je les arrache de son ventre et de ses cuisses. Comme pour mieux l'aérer. J'espère que vous me suivez. Dans ses contours. Et me voilà bien vite rentré au coeur de sa forêt, en sa vallée des songes quitte à bien peu rassurer les âmes trop sensibles. Mais le corps a ses raisons. Il ne résiste pas au parfum vanille de son pubis. Chevillette et bobinette ont vite fait de sauter. Ou si vous préférez la seconde a cherré et je suis rentré. Et de bucheronner dans sa forêt primitive dont je deviens le primesautier soudain concentré. J'y vais plein pot dans sa foufounette. Mon ange noire possède alors des yeux égarés dès que je la fouraille pour restaurer le soleil en elle, en moi. Je touille, je traverse son bosquet de thym. Tel un lapin en rut je prie le civet futur à mesure que ses genoux s'écartent.

L'huile sur le feu

Gorgone en chemisier, l'odeur de sa sueur lorsqu'elle le retire pour se perdre en l'autre et sa proue dressée. Se crée le plus juste algorithme du plaisir. Elle s'approprie au viol de son volcan intime trempée et qu'il empaume avant de s'y glisser. Soupirs, murmures et petits cris dans l'hallali du passage de l'os dieu. Il remplit le lieu de la place prise et éprise par le baiseur sacripant. Va l'amble puis accélère progressivement à mesure qu'elle lance "ne t'arrête pas, putain !". Attablé contre le ventre il enfonce l'instrument en relevant la tête pour une plus profonde entrance. Ensauvagée et ravagée, elle lui implore ses dernières forces avant qu'il s'affaisse sur elle. Reste sous ses fesses les draps froissées e le spermer qui coule de sa faille comblée.

Apprendre à parler

Soulagé par sa main si vous voyez ce que je veux dire. Toucher le port des singularités partagées. Aux prophéties préférer certains gémissements. En lieu profond de ses mamelles ce qu'on appelle parfum. Et plus bas ce titillement sur son lapin rose - la donzelle étant punk. Jouer de féériques doigts. Comme des licornes ou autres réalités d'usage. Bref mains gaules, galantes et gauloises de part et d'autre avant même que ça se suce ou se lime. Sur le ciel de lit s'étiole bien des salives et autres liquides si là encore vous voyez ce que je veux dire.

Mon retour, ton départ

Ici pas de sonnette pour annoncer le dernier départ juste un bib pour souligner moins mon arrivée que mon passage. Je n'avais même pas remarqué que les chiens étaient devenus ici interdits de séjour. Le cortège de leurs aboiements ne nous accompagne plus jusqu'aux immenses baies vitrées. Plus rien ne se dit tant la foule me percute de plein fouet comme le vif d'un scherzo - troppo et troupeau. "C'est ça" aurais-tu dis si tu ne m'avais pas quitté pour retourner à Montréal. Mais il est vrai que je t'avais saoulée par une certaine absorption familiale. Je n'ai pas su m'en dégermer comme on le fait des patates. C'est seul que désormais j'arpente les saignées de la ville. J'ai parfois l'impression moins de m'être trompé d'époque que de l'avoir ratée. Tous ceux que je croise désormais il faudrait les rencontrer autre part. Comme toi d'ailleurs. Et ton "chriss" accent québécois. Il m'apprenait à entendre les mots plus qu'à bien les comprendre. Je découvrais enfin le vrai sens du langage comme autant de coups portés à la réalité de la ville. Tu lui donnais par tes paroles une beauté qu'elle n'a plus. Comme elle je les pénétrais d'instinct et je tente de les retrouver au milieu du brouhahas. Mais me voici désâmé mucho là où il n'y a plus que jurons à leur place dans ces obligations de traversée du matin et du soir. Toi tu savais regarder la messe à la télévision en me promettant le mariage et une progéniture adéquate. Ne reste dans la ville qu'un office de funérailles. Je fais avec comme tous les citadins et les banlieusards. Je marche. Il y a des couloirs et des couloirs. J'y avance comme au hasard en une fidélité notoire à qui je ne suis pas. Et cela si loin, si loin d'où tu es, d'où tu vas. J'aurais bien voulu canevasser notre vie, la quadriller avec autant de prévoyance que tu en eus pour moi. Que reste-t-il de tout ça ? Du lundi matin au vendredi soir le temps passe en un cortège là où le ciel ne se voit pas. Aux personnages de mon film lent où tout le monde s'active, de ce film rapide où je traîne mon squelette en dérive, il manque désormais l'actrice principale. Il n'y a que des clowns semblables - à défaut d'être frères - autour de moi. Leur emprunter la force et le courage en te rêvant en ton pays natal.

La machine à dire la suite

Vous traversez la vie sans l'avoir vue ni aperçue, ni même avoir soupçonné qu'elle vous matait de près, de loin. Si bien que les plafonds tomberont sur vos têtes et le sol s'en ira sous vos pieds. Le monde pour lequel vous vous passionnez n'a rien de foncièrement vrai. Sa matière est en obscurité. L'intestin du monde souffrira de vous avoir supportés jusque là. L'acier des escaliers roulant pilonne vos faces et vos yeux sont recouverts d'asphalte. Vos pas ne vous suivront plus sauf pour vous diriger vers une sortie dont votre tête ne se souvient pas. Vos oreilles sont bouchés. Chacun de vous reste moins masculin qu'homautomaticus dans l'agroupement généralisé. Vous ne pensez à rien - sinon à s'y jeter. Seul votre cul entend tout et se tord de rire en ses saillies. Vous n'avez plus de tronc et votre citron est si pressé qu'il ne reste qu'un trou sans oublier la masculine grosse de bouffon dans votre pantalon. Votre haut tombe en bas sans pourtant que vous ayez - comme on disait jadis - les moineaux. Votre ivresse est autre. On souffle à l'intérieur de vous. Et si le passé vous a trompé et que le présent vous tourmente, sachez que l'avenir suit la même pente et vous désespère au tournant. Attendre le futur pour maintenant reste une folie meurtrière. Et que des gens s'en parlent ne suggère rien de bon.

Le Cirque

Racontez vos entrées solennelles : je n'en connais que les sorties. Courage, courage vous devez me le dire. Même si je sais la suite. Vous êtes les équilibristes au numéro qui rate, des costumiers sans coutumes, des funambules qui chutent en grappe, des troupes d'acteurs jouant des moitiés de rôles. Vous êtes des physiciens sans matières, des métaphysichien sans mordant, des Caïns cahants. Par la faute d'un grand nabot, d'un grand trucs, je vous ai vu vous parler avec des revolvers en guise de paroles, aller aux waters en file indienne dans un "Allez gros" perpétuel. Enumérez des listes, halez aux prières, épelez tous les noms pour appeler dix mots qu'on sent. Il faut que voius disparaissiez pour apparaître enfin et réclamer la fin des manigances. Cessez ce croupe à croupe, ces têtes à têtes de pions. Vous êtez assez nombreux pour sortir de le piste. Brouillez vos alphabets, refusez de vous faire prendre pour vos arrières. Et vous ne serez plus sans ignorer qui est dessus et qui dessous. C'est vous qui tiendrez votre for. Assez d'en être dehors.

Quai Largo

Nous attendons un ordre dans les lieux, nous attendons une ode dans le temps. Ce qui fait peur n'est pas le chaos de l'infini, du présent, ni celui de l'ici et du là-bas, ni l'absent, mais le fini et le semblable, l'insondable de la matière quand il nous arrive de croire que le monde physique est un langage. Ici nous vivons la tête pleine de horions dans son cadavre d'entre toutes les flammes. S'éberlue la viande vidée d'amours et de pleurs. Elle aime dit-on la pensée, ses yeux, sa cire froide, sa toison pile-poils. Notre pire ennemi c'est elle puisque pour nous elle fait sous elle et reste sans voix en son branle-bas qui espère pourtant une joie débordante - zone de non-lieu où se marient la carpe et le chien. Et nous voici des fils venant à se reproduire des descendantes qui ont hérités d'une moitié de leur mère et nous en restons mitoyens. Remariées elles donneraient naissance à des chiots. Ils seront noyés si deux mains peuvent s'en emparer en les emportant par les pieds pourvu qu'ils ne portent ni écailles, ni ongles fendus, ni grands poils Et ce jusqu'à l'extinction de mille générations de descendants mâles obtenus par - du moins dit-on - l'infame routine des changements de quai.

La Vigie horaire

Les carambolages humains, ne caressent aucun poil dans le bon sens. Sur le mode convulsif, ils se font l'écho d'un chaos plus ou moins undergound. Des amoureux s'y débattent de visu. Quittant le réduit de leur cage ils préfèrent la coquille des gares, rues et leurs triages. Que leurs Parques soient prenantes ou blêmes n'est pas leur problème. Chez eux l'un est père OK, l'autre mère courage. Sans cela l'âme à tiers de l'amour est soluble dans ses larmes, les escaliers, le bitume ou les rails. Une élémentaire absence de vertu doit laisser espérer que quelque chose s'y passe puisque dans un tel magma toute terreur mystique est essorée. Ce qui n'empêche pas de passer du paroxysme de l'idéal à l'abîme de cruauté sociale dans les joints de culasse que propose nos machines à circuler. Elles renvoient à deux chaos : celui de nos marais, celui des nos étendues continentales. A une virgule près, elles nous rappellent aussi que sous effet d'un émoi langoureux et quel que soit notre sexe nous sommes "en territoire, conquis" mais jamais "en territoire conquis". A nous de faire avec. Accouchons nos chimères.

Etat des lieux

Nous attendons un ordre dans les mots, nous attendons une ode dans le temps. Ce qui fait peur n'est pas le chaos de l'infini, du présent, ni celui de l'ici et du là-bas, ni l'absent, mais le fini et le semblable, l'insondable de la matière quand il nous arrive de croire que le monde physique est un langage. Ici nous vivons la tête pleine de horions dans son cadavre d'entre toutes les flammes. S'éberlue la viande vidée de pleurs. Elle aime dit-on la pensée, ses yeux, sa cire froide, sa toison pile-poils. Notre pire ennemi c'est elle puisque pour nous elle fait sous elle et reste sans voix en son branle-bas qui espère pourtant une joie débordante - zone de non-lieu où se marient la carpe et le chien. Et nous voici des fils venant à se reproduire des descendantes qui ont hérités d'une moitié de leur mère et en restons mitoyens. Remariées elles donneraient naissance à des chiots. Ils seront noyés si deux mains peuvent s'en emparer en les emportant par les pieds pourvu qu'ils ne portent ni écailles, ni ongles fendus, ni grands poils Et ce jusqu'à l'extinction de mille générations de descendants mâles obtenus par - du moins dit-on - l'infame.

Aveux

Vous faites partie de notre pâture nous disent-ils. Une fois mâchés vous n'aurez plus aucune texture et le monde pour lequel vous vous passionnez n'aura plus rien de tangible. Sa matière est obscurité. Vous vous écroulerez vifs dans nos et vos assiettes. Car vous aussi vous vous mangerez. N'interrogez plus à coups de questions ce que les mots posent : comme vous ils ne forment que matière morte, tournant le dos à la vie des uns dans les autres. Si bien que vous aurez usé de votre existence comme d'un fruit dont vous n'avez sucé que sa coque. Vous sortirez de cetta agape par les pieds - la langue plaquée à vos palais et les doigts des deux mains tout autant collés. Mais déjà vos poumons, yeux et oreilles seront obsolètes. Vous vous dirigez toujours vers une sortie dont votre tête ignore tout.

Circus minor

Racontez votre entrée solennelle en vie même si vous en connaissez déjà la sortie. Du trou ayant vu la lumière a mis les bouts. Contez alors l'accident d'équilibriste au numéro qui rate., de rectente prestidigitatrice qui échoue d'une malfaçon dans la sciure par la faute d'un nabot étendu, pantelant au mlieu de la piste à la recherche du premier mot. Vous entrez dans la solitude maintenant. Vous avez toujours voulu achever pour que *ça* recommence tout le temps enchaînant vos prières. C'est un rite pour faire venir tout de suite la suite, un grand coup de pied dans le sol. Réclamoez la fin des manigances tout de suite. Disparaissez et que nous asparissions. Liguer vous contre les poupes et croupes même si vous tombez encore parfois dedans - et vous savez sui les ferme. Le reste du temps faites ce qu'il fallait avoir été être et devenez ce que vous êtes devenu. Mais si vous le faites, faites le bien comme le dit la devise de votre famjlle gravée en gros sur le buffet du salon Obéissez aux lois scientifiques qui travaillent la cohérence en y laissant entrer le déire qu'elle recouvre. Toute interprétation est enclose dans cette logique. Là la seule dépense possible. Y allez d'un coeur irréductible entre le sens, le contenu, la plastique une certaine musique qui a pour fond sa butée à signification phallique. Un tel traitement fera symptôme d'une crise dans la syntaxe d'une matière verbale à la couleur d'accalmie Sachez que tout ne devient visible qu'en comblant ce trou par une colonne. Imaginez au besoin un tatouage tracé sur l'organe adhoc et prenant dans un autre état sa forme sdéveloppée.

Elle résorbe alors la folie du vide génératif. Tout à nouveau fait sens, se lie en dessein, en figure. Rassurez finalement pour un temps ainsi l'invulnérabilité d'un « moi » qui vou avait inquiété dans ses reflets aberrants pour éructer votre propre langue qu'aucun lien social ne saurait étouffer. Bref secouez le hochet d'une loi qui ne peut se traiter qu'en la tordant jusqu'à la faire s'échouer dans le bricolage distrait du simple jeu de société. Et forcez au regard louche afin que tout spectacle se centre autour du point de fuite qui lie l'humiliation cosmologique à la ruine de l'illusion narcissique. C'est ainsi qu'opère nique dans le miroir conique ou cylindrique, dont la place est indiquée à l'Origine. En maître du Jeu à ce point vous ne pourrez sortit en quoi que ce soit du code perspectif quelque soit la rébellion de votre désir dans l'impossible soudure qu'implique la coupure. Par elle l'unité et l'identité du sujet en sont perdus. Reste devant votre regard cet oeil immobile brouillon agité du réel et de notre infini pour le moins relatif. Ne le niez pas : poussez le à bout. Rien hors cette distorsion et cette forclusion. Elle permet de reconnaître que vius vous ne reconnaissez plus. Au corps corps contorsionné fait face un œil exorbité. Ce qui est découvert est réel et non du symbolique.

Cut Final

Celà le cinéma mental. En-deçà des mots les corps s'attirent de désir. Ce que l'on peut en dire n'est rien à côté de ce qui se tait, se caresse. C'est une attente irrévocable, réciproque : on commence sans jamais finir après avoir tant patienté pour toucher ce qu'on attend depuis toujours. Là il faut entrer et s'en saisir. Au fond du paysage, l'ombre éteinte des morts enfouis nous rappellent à la vie. L'issue à ce qui se dérobe est là derrière les claires-voies, dans la chambre clairière des sens. Ce que nous recherchons depuis toujours est là. Nous serons dignes de notre enfance et de ce qui ne se paie pas de mots. Présence si attendue que parfois nous croyons l'avoir déjà vécu dans une de nos défaillances qui ne guérit de rien mais espère toujours. Et le plus nécessaire que la vie même. Peu à peu les mots éperdus ne séparent plus, ils reviennent et sont là. Ils se ramassent, s'offrent, se partagent. L'obscure tension s'est résolue. Une charge électrique s'accélère, l'intensité offre ses grâces dans l'odeur de l'excès de deux dermes. Volume et la résonance traversent le silence des caresses, épuisent l'eau de l'émotion. Si quelque chose éclate c'est le plaisir. Cette part inflammable qui relance le corps et ses mots soumise au poids sourd de la voix. La langue est un puissant stupéfiant. Au petit matin : "écris-moi". "Oui…En Yiddish ?" "Non en l'arrière-plan du jour passant". Cut final.

Table des matières

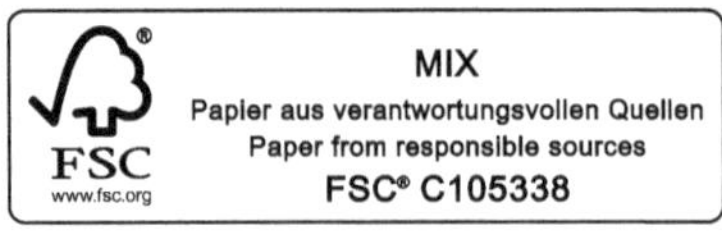

Printed by Books on Demand GmbH, Norderstedt / Germany